21

AF501927

La GLÈBE et la MOISSON

LA CRISE AGRICOLE

21
903

ÉTUDE SUR LE BOCAGE VENDÉEN

ALFRED ROCHER

L^{4}_{k}
2559

FONTENAY-LE-COMTE
IMPRIMERIE L.-P. GOURAUD
1903

LA GLÈBE ET LA MOISSON

ÉTUDE sur le BOCAGE VENDÉEN

BIBLIOTHÈQUE NATIONALE
R.F.

Lk 4
2559

La GLÈBE et la MOISSON

LA CRISE AGRICOLE

BIBLIOTHÈQUE NATIONALE
R.F.
IMPRIMÉS

ÉTUDE

SUR

LE BOCAGE VENDÉEN

ALFRED ROCHER

FONTENAY-LE-COMTE
IMPRIMERIE L.-P. GOURAUD
—
1903

PROLÉGOMÈNES

BIBLIOTHÈQUE NATIONALE B.N. IMPRIMÉS

Jetons les yeux sur la carte de France : Ce qui frappe tout d'abord nos regards et se présente sous une forme palpable à l'imagination, ce sont les contours, les montagnes et les mers, puis les fleuves, les plaines et les forêts.

Les villes viennent ensuite impressionner notre entendement. Ce sont de petits points noirs, plus ou moins gros, des atomes d'encre épars ça et là sur la carte. Ces frontières, ces montagnes, ces forêts, ces fleuves, ces villes disséminés, tout cela, c'est bien la France, mais il nous semble que la Patrie c'est avant tout ces vastes étendues à travers lesquelles semblent couler les fleuves, frissonner les forêts et surgir les montagnes. Les pâtés noirs qui figurent les villes n'éveillent notre attention qu'autant que l'esprit a intérêt à en chercher la situation. En ce cas, ce n'est pas l'image noire et minuscule comme un débris de charbon sur une pelouse diaprée qui vient frapper notre imagination, c'est le nom qui surmonte la symbolique figure.

Demandez à un jeune enfant de montrer sur la Mappemonde la situation de la France, il ne désignera jamais ni Paris, ni Lille, ni Brest, ni Bordeaux, ni Saint-Etienne, ni Marseille.

Et la *Ville:* Paris se dresse énorme et surhumaine,

son symbole noir, monstre, aux cercles concentriques nombreux, comme écrasés, semble nimber le signe cartographique de la *Cité*. Un homme de guerre entrant en campagne chercherait d'abord sur la carte de la puissance ennemie la *Capitale*, ce point énorme prendrait dans son imagination enfiévrée de redoutables proportions, il tournoirait dans son cerveau évoquant la vision de remparts inexpugnables, de plaisirs infinis, d'industries florissantes anéanties. Mais le doigt enfantin se reposera sur un vaste vallon, sur une plaine fertile ou sur un mont neigeux.

Ce sera la Bourgogne aux vignerons joyeux, le Languedoc, qui semble, même sur la carte, secoué par les liesses de ce bon roi René, pleins du rêve des cors d'amor, de félibres cigales et d'orangers gardiens des rues et des champs épanouis dans leurs corolles aux temps des floraisons...

La Bretagne où l'Océan de ses rauques haleines vient défier les falaises et commander les côtes, les Ardennes, les Flandres.

Les côtes du ciel d'azur que baise le flot parfumé de la Méditerranée...

Lisez à ce sujet l'ode d'Anoré, de Chénier. Cela vaut mieux que toute prose secondaire.

La Patrie vivante et palpable, la France qui lutte et respire l'honneur et la vaillance, la France qui maintiendra, ce n'est pas dans les villes qu'il faut l'aller chercher, c'est la glèbe aux vertus fortes. Asile de toutes les saines traditions, refuge des devoirs les plus nécessaires à l'existence civilisée d'un peuple, voici qu'elle-même est désagrégée par la morsure du temps où nous errons. Nos fils désertent les hameaux et vont mourir loin de leurs pères dans l'immondice des villes où grouillent la honte et la famine. On accuse le temps, les besoins de l'époque, les changements survenus dans le cours du torrent civilisateur, ce sont de vains mots et de fragiles arguments que ceux-là. Bientôt il ne restera plus de laboureurs, et qui donc tracera le sillon dans la glèbe qui nourrit l'humanité ? et lorsque le paysan n'écoutera plus la croûte de la sphère, lorsque le semeur n'aura plus de grain, vers quel abîme marchera le monde et dans quelle aube s'éveillera la France !

La population agricole décroît dans le Bocage Vendéen comme partout ailleurs. C'est le cas, c'est que les vertus fortes des aïeux sont méprisées, c'est que l'organisation sociale n'est plus en rapport avec ces mêmes vertus qui attachent profondément au sol nourrisseur.

L'enseignement du peuple donné au paysan, source de vie et de fécondité pour la glèbe, s'il était sain et vraiment inspiré pour l'agriculture vient semer çà et là, à toute volée, une semence qui n'est pas celle qui doit germer. C'est de réformes nationales qu'il s'agit. C'est une lutte morale contre les vices rustiques, voilà le bon combat et la campagne qu'il faut mener à bonne fin. Le péril est immense et voici venir le jour où la charrue dormira dans les champs en jachère...

En résumé, voici ce patriotique programme :

Lutte contre la vanité.
Lutte contre l'alcoolisme.
Lutte contre le jeu.
Réforme de l'enseignement.

Nous sommes confus de venir dans notre petitesse, tenter une pareille expédition, mais dussions-nous en sortir meurtri, nous irons cependant vers les blessures prochaines car le jour est proche où les cloches vendéennes cesseront d'appeler nos fidèles à la prière, car les hameaux seront déserts. Alors tout sera dans la nuit. Il importe plus que jamais que la glèbe régénérée frémisse dans le retour des vertus fortes.

LA VANITÉ

Le Maître et le Valet agricoles bas-poitevins avant la Révolution.

Système ancien — Système proposé

Sous l'ancienne Monarchie, vers 1772, époque à laquelle cette Etude commence, les rapports entre maître et valet agricoles étaient bien différents de ceux qui établissent aujourd'hui les devoirs respectifs de chacun.

Le Maître, il y a plus de cent ans, tenancier de quelque fief, appartenant à quelque maison noble, était de cette caste qui s'intitulait *honorables hommes* et pour me servir de la pittoresque expression de La Fontaine, il vivait sur ses terres demi-bourgeois, demi-manant. Sa condition morale se rapprochait assez de celle des habitants affranchis des bourgades russes. Il aurait pu réclamer de ses serviteurs la douce appellation moscovite de « petit père ».

En lui s'incarnait la gravité sereine et la régularité du « pater familias » antique, alliée à la bonhomie nécessaire et à la régularité stricte d'un paysan aisé qui doit régir sa petite tribu, en régler le budget serré en d'étroites limites avec sagesse. Mais quelle douce et égale bonté devait s'éprendre sur tous ses actes. Isolé dans son hameau, il ne vit que pour le soin de son héritage, il gère, dirige, examine, contrôle tout par lui-même, travaille aux champs près de ses laboureurs et rien de ce qui a rapport à son domaine ne lui est étranger.

C'était sans doute chez un tel homme que La Fontaine était en imagination quand il écrivait « Il n'est pour voir que l'œil du maître »

Soit qu'il parle ou tient registre des faits et gestes de ses parents, de ses amis, de ses serviteurs, le maître s'exprime toujours avec une naïveté, une tendresse touchante. Cette simplicité presque biblique d'un âge si en arrière entrevu le rehausse d'un sentiment d'humanité vraie qui va droit à tous les cœurs. Ils s'aimaient les braves et simples gens, ils savaient se le dire, se le prouver. *O ubi campi.* Ce ne sont plus les champs de nos aïeux que les nôtres, un vent de calcul et d'égoïsme a soufflé sur nos moissons et leurs fruits sont devenus amers, les serviteurs qu'ils nourrissent ne ressentent pas dans l'âme l'affection vibrante pour le maître.

On ne voyageait guère à cette époque lointaine. J'estime qu'il est inutile de faire à ce sujet un tableau fastidieux des évolutions postales depuis leur fondation sous Louis XI jusqu'aux dernières années de l'ancien régime.

Le propriétaire campagnard rosturier était plus sorti, plus sortable en quelque sorte que les travailleurs à gage de la glèbe. A l'exploitation agricole pure et simple quelques-uns joignaient une fabrication rustique et faisaient alors eux-mêmes le négoce de leurs produits. Pour les soins de leurs affaires, pour l'écoulement de leur industrie facile, ils voyageaient dans un rayon de quelque vingt lieues aux alentours du clocher natal. Or il advenait de cela qu'en ces temps de générale ignorance, ces trafiquants privilégiés prenaient rang parmi les personnages de leurs coins de terre. Le marchand de village d'alors était vraiment quelqu'un, c'était lui qui pouvait expliquer les cas embarrassants, lire, écrire, chiffrer, traiter les affaires, pourvoir aux besoins de la vie domestique des autres par des marchés avantageux pour lui et ses clients. Comme un zélé surintendant des finances administre un royaume, à l'exemple du roi-soleil, selon l'explication de Racine, « il veut tout faire par lui-même et tout voir par ses yeux ». Le chef de la famille d'alors, avec autorité, mesure, prudence, finesse et loyauté grande, administrait sa maison. Il arrivait aussi et c'était bonheur pour les chaumières voisines, que ce propriétaire tenancier lui-même de *dhomaines rosturiers* dont il rendait avœu au seigneur, exerçait pour le compte de sondit seigneur la charge de *Receveur*. En ce cas il correspondait avec la haute administration des scels des baronnies et rendait d'impayables services aux manants (1).

(1) NOTE HISTORIQUE. — Sous l'ancien régime, les possesseurs rosturiers rendaient au seigneur de la terre où ils habitaient un *avœu* ou *déclaration des dhomaines et héritages rosturiers qu'ils tenaient et advouaient tenir de monseigneur dudict lieu*. Ces déclarations étaient reçues et rédigées par un notaire de la chatellenie. Les notaires

... Protecteur et maître naturel de droit divin, sacré, maître et protecteur de ceux de son domaine par son amour pour Dieu, sa piété, sa *bonne foy,* son travail et son dévouement pour les gens de son logis, il comprend et remplit fidèlement tous les devoirs et les obligations de cette charge ennoblissante. Tuteur de sa femme et censeur sévère de ses enfants même majeurs, il saura adoucir son autorité plénière en y mettant le meilleur de lui-même et sur ces humbles de la glèbe s'épandra dans un doux rayonnement sa paternelle sollicitude sur tout ce qu'abrite son toit.

Par ses soins ils seront vêtus, ils auront la soupe toujours bonne et chaude pour la femme et les petits, une place toujours tiède sous le large manteau de l'âtre quand la bise sera venue et fera chanter des mélopées superstitieuses aux genets courbés en des danses haletantes.

Chef, administrateur, PÈRE, il tient en son génie d'homme mûr pour les travaux âpres et rudes d'une médiocrité saine, le sort des êtres qui ressortissent sur sa terre et dans sa maison à sa gestion morale et financière. Il traitera ses domestiques comme on traite les enfants que le Ciel nous a donnés, quels que soient leur âge et leur tempérament, en faible

étaient en effet de deux sortes : les notaires des baronnies, chatellenies, etc., et les tabellions ou notaires royaux. Je n'indique pas ici la différence qui existait entre les tabellions et les notaires, je n'ai pas d'ailleurs la prétention de connaître ni d'enseigner le droit féodal ; ceci n'est dit que pour l'intelligence du texte.

qu'il faut protéger et ce rustre épais au sourire de bon Samaritain se penchera sur leur blessure comme le divin Michel-Ange au chevet de son serviteur malade. C'est que le génie et le grand cœur ne font qu'un tout et que la simplicité du paysan est la marque ineffaçable de cette humanité semée par Dieu dans tous les cœurs. Il les traitera en faibles parce qu'ils n'ont pas l'entendement des affaires mêmes les plus simples, en faibles par l'humilité de leur condition et leur pauvreté.

Aussi il tiendra d'eux une page sur le registre des actes solennels de sa famille parmi les naissances, les mariages, les décès, ses marchés, ses comptes de recettes et de personnelles dépenses. Est-ce qu'ils ne font pas partie ces humbles, ces simples, ces déshérités de l'exploitation du familial domaine, est-ce qu'ils ne relèvent pas de sa juridiction de chef de famille, et partant n'ont-ils pas droit à ce qu'il étende sur eux le devoir obligatoire que la conduite du troupeau impose à tout bon pasteur ?

D'abord une franche intimité règne entre le maître et le serviteur, sans exclure de la part de ce dernier un respect traduit par des vocables brefs et limités (1).

(1) NOTE HISTORIQUE. — « *Maistre* » disaient-ils. Maistre se disait alors des honorables hommes qui n'étaient pas d'extraction nobiliaire. Plus tard, vers les années qui suivirent la Révolution, on transforma ce « Maistre » par l'expression « Notre Monsieur » qui parvint jusqu'à nous après avoir eu grande faveur chez les petites gens de Vendée depuis Louis-Philippe jusqu'au déclin du second Empire.

Remarquons combien ils sont sincères dans leur rude politesse. Assurément nous sommes loin du langage velouté des laquais de l'ancienne comédie gîtés dans les combles des palais ducaux, mais quel attachement solide et sain, quel cœur vigoureux se décèle dans ses naïvetés d'une soumission morale qui s'avoue. Ainsi s'écoulait la vie morale dans les modestes logis qui se cachaient alors pauvres et vêtus de lierre dans nos thalwegs et nos vallons bas-poitevins, sur le penchant d'une colline dorée, dans un horizon de prés verdoyants dans la vivifiante haleine des grands bois prochains toujours pleins de bruissement des feuilles et dés ailes des ramiers.

Un *dhomaine* d'alors, si petit fût-il, un *enclos,* ce que La Fontaine appelait comme ceux de son temps, « un héritage », comprenait tout ce qui était nécessaire à la vie rustique : des prés pour récolter le foin et donner la vie aux animaux, des champs déchirés par la charrue de bois pour y jeter à la volée la semence du seigle nourrisseur; des bois pour les multiples besoins de l'agreste industrie, des fontaines, une place bénite enfin, sous les étoiles, où l'on dormait à l'aise, satisfait des jours enfuis et des heures à venir dans la douce quiétude d'un horizon limité dans un peu de nuit violette peuplée des visions des légendes locales qui faisaient verrouiller l'huis tous les soirs. Le père l'avait légué au fils ce coin de terre et les serviteurs bien que changés et renouvelés dans le cours des années, faisaient en principe partie de cet usufruit qui, par bail avec Dieu, donnait l'amour du prochain et le temporel privilège des fruits de la terre jusqu'à ce que le veut résilier la mort du maître un soir de beau jour. C'était un sage, et le fils succédait à cette sagesse inaltérable... Et comme aujourd'hui les poètes et les cigales chantaient, les blés mûrissaient et les cours d'eau arrosaient la terre, mais si ce n'était pas l'âge d'or, c'étaient des temps où l'amitié régnait et les paysans courbés sous le hâle, sentaient que tout était par elle et meilleur et plus sûr.

Les serviteurs étaient confiés au maître, ils étaient sa chose morale en quelque sorte dès le jour où à la grande table commune ils étaient conviés à s'asseoir.

Telle était, vers le déclin de l'ancien régime, la situation morale entre maître et valet agricoles dans le Bocage bas-poitevin. On pourra lire dans l'œuvre Legouvé (1) une étude du plus profond intérêt sur la domesticité ancienne et moderne, mais l'érudit auteur ne semble plus croire à la fidélité des serviteurs d'aujourd'hui. Ces amis domestiques, ces commensaux du foyer se trouvent cependant vivant encore dans notre contrée dans leurs arrière-neveux. Et ces domestiques-là ce sont les collaborateurs de longue haleine, les auxiliaires obligés de la glèbe, de tous ceux qui récoltent et vivent en un satisfaisant état de paysans prospères... Mais ils sont rares... hélas !

(1) *Les Pères et les Enfants au XIXe siècle.*

COUTUMES D'AUTREFOIS

Relatives au paiement des gages.

Le chef de famille ne soldait point comme cela se pratique de nos jours le gage de ses serviteurs à la fin du terme assigné par leur contrat de location. Et si d'aventure, il arrivait qu'un domestique fût ainsi rétribué, ce n'était qu'une mesure applicable aux serviteurs d'occasion, ceux qui ne faisaient que passer quelques semaines sous le toit du fermier. En règle générale, le possesseur rosturier d'une terre tenait un livre de comptes à la fois journal de sa vie, breviaire domestique fort relu et très intéressant. C'était aussi le registre des dépenses effectuées dans le courant de son service par le serviteur ; il *registrait* (1) soigneusement comme on disait alors, puis la fin de l'an venue on comptait ensemble.

On voyait même des serviteurs demeurer quatre ans et plus au service d'une même maison sans que le susdit compte fût arrêté.

Il résultait de ce système que le serviteur était en communion intime avec le maitre. Ce dernier, sur la demande du pauvre hère, étudiait ses besoins, se chargeait d'acquérir pour lui les objets indispensables à l'existence et les lui procurait. Et même s'il

(1) Terme vieilli.

arrivait que quelque diable aussi le poussant, le valet de ferme voulût faire au haut et au loin le galant et prendre bon temps et joyeux rire près des jouvencelles dans les assemblées d'alentours, c'est encore au maître qu'il s'adressait.

Donc, on le voit aisément, le maître dirigeait en toutes choses son serviteur, il lui rendait la vie moins amère et plus confortable en le faisant bénéficier de son expérience par son intervention toujours heureuse dans ses détails de ménage. Et puis que de salutaires conseils se pouvaient prendre ainsi, que de jeunes gens engagés à l'économie par le père de famille écouté comme un oracle sacré ! Jamais valet n'aurait tenté d'enfreindre ou même de gloser sur ce sacerdoce familial sur lui gravement, mais paternellement exercé. Aujourd'hui les jeunes garçons de nos villages traiteraient de la belle manière le fermier qui voudrait en user ainsi à leur égard.

LA VIE DU VALET DE FERME

Avant 1789.

—

De tous temps il y a eu bon gîte, bon souper, bons vêtements pour cultiver les champs, de beaux atours pour les chambrières endimanchées et parées ; les fêtes d'ailleurs ne manquaient pas pour les montrer. On s'offrait certains amusements alors de haut goût, c'étaient : le voyage et le jeu de cartes.

Le voyage ! D'après le manuscrit authentique que j'ai sous les yeux, les voyages étaient enfermés dans l'horizon restreint des vertes bruyères d'alentour mais enfin aller d'un clocher à l'autre, cela suffisait et pourquoi pénétrer plus loin ?

Le jeu de cartes à une livre (1).

Le jeu de cartes me paraît avoir été assez inoffensif en ces âges de naïvetés rustiques où les grecs de village étaient inconnus.

Heureux temps, hommes satisfaits, vertu observée ! Le maître accordait sur son gage, un dimanche à son serviteur, la modeste somme d'une livre pour jouer aux cartes et cela une fois l'an, pendant quelque interminable veillée d'hiver sans doute.

Je me représente le valet de ferme de 1772 s'asseyant en face de son partenaire avec cet air à la fois grave et épanoui de gros rire que savent

(1) Une livre valait un franc de notre monnaie.

prendre avec une mobilité extrême les faces des paysans embarrassés. Il retourne dans ses mains calleuses, où ils s'enfouissent en entier, les frêles morceaux de gros carton. L'enluminure grossière de vermillon, de noir et de bleu s'étale de ci de là et présente l'horrible grimace d'un sphynx impitoyable qui demande la solution de l'énigme donnée par le hasard. Il les assure entre ses doigts, compte et recompte à plusieurs reprises d'une voix rauque la valeur des signes, puis lentement il jette sur la table de chêne en retenant son souffle la carte qui, lancée par une trop rude main, tournoie affolée, rebondit, glisse, s'affaisse et demeure comme si elle représentait les signes cabalistiques de la vie humaine. Le voilà les yeux dilatés, la poitrine haletante, les yeux plongés dans les yeux de l'antagoniste. Quel sera le mode de jeu employé. Quelque chose de simple sans doute, qu'on peut se permettre une fois l'an sans faire effort de mémoire et sans être habile homme. Bataille sans doute.

Les deux compagnons de charrue, les deux bouviers s'amusent du naïf plaisir de toucher ces papiers, ils prennent plaisir à jeter eux aussi le sort et l'imprévu sur leurs gros sous. Et puis ils voient passer dans leurs doigts noueux les rois, les reines, les varlets... ce sont des fortunes imaginaires qui dansent dans leurs mains au bout des cartes qui frissonnent... ils ont la fièvre de l'or jusqu'au réveil de la pensée.

Ce jeu représente un moyen d'obtenir un profit de hasard et en tout paysan on retrouve le berger voisin d'Amphytrite et dont La Fontaine a dit si judicieusement :

> Vous voulez de l'argent, ô Mesdames les Eaux,
> Ma foi, vous n'aurez point le nôtre.

Et même ce profit conventionnellement imaginaire, voyez comme le vainqueur moissonne les as comme un fourrage plus mûr dans quelque champ de trèfle de promission. Il captive les reines, enchaîne les rois, torture les varlets, rompt les cœurs avec la joie d'un Alexandre que la gloire enivre au soir de quelque journée homérique.

Avec le tintement sourd et geignant de la voix de misère des pauvres gens, les pauvres gros sous, la rude et squaneuse monnaie des humbles, fruit de la sueur, honteuse d'être ainsi profanée ; les vieux liards vert-de-gris sont poussés lentement, comme à regret par le vaincu tout penaud.

Ah ! la monnaie de billon, joie timide des pauvres hères qui se courbaient sur le sillon par tous les temps, comme on s'y attachait alors ! C'était l'époque des bas de laine où dormaient les écus rouillés des riches, et des ceintures de varlets ou quelques pistoles attendaient la prudence de leurs possesseurs.

Jouer aux cartes une fois l'an, c'était bien ; mais deux fois, c'eût été mal.

Une livre, vingt gros sous, plus ternis par les doigts suants que par le vert-de-gris des années, savez-vous que vers 1782 cela comptait sur un gage de 31 livres 10 sols,

Les sous noirs que détenait le maître, *ses sols,*

représentaient Louis XIV à la face creusée par les ongles des manants dans les années où la famine faisait crisper les doigts dans la maigre besace des Jacqueries errantes ; aussi Louis le quinzième, plus jeune dans la chronologie monétaire, attendait le brunissage de sa patène plus neuve sous la sueur de la glèbe...

Enfin Louis XVI, l'infortuné... Contempler les traits bons et la sereine Majesté de Louis le Sévère, notre sire, *cela n'arrivait pas tous les jours*...

C'est qu'ils représentaient ces gros sous, autour de l'an une somme d'infini travail et de labeur incessant dans les neiges hivernales ou sous le soleil accablant des étés trop chauds. Petits ronds métalliques hurlant la misère dans les années éplorées où le seigle croissait rare sur les coteaux et ne mûrissait qu'à demi dans les plaines (1), on les retrouvait crasseux mais sonores en réserves... on touchait avec respect à ces figures des Rois comme transmuées ainsi en viatique divin pour que les petits enfants puissent encore recevoir la céleste becquée que la nature elle-même donne aux petits des oiseaux. Donc, en ces années de grâce quand on était varlet de ferme on ne jouait aux cartes qu'une fois l'an. Qu'une fois l'an l'on éparpillait vingt sous sous les pas de la Fortune.....

Les jeunes gens d'aujourd'hui se sont trop imprégnés de l'atmosphère des villes et les cabarets

(1) C'était une habitude du Bocage bas-poitevin de faire moisson en plaine.

se sont accrus comme une lèpre inguérissable sur la civilisation qui gémit. Des flots d'alcool ont coulé depuis cent ans et une multitude a péri parmi ceux de la glèbe féconde...

Ils passent les nuits au cabaret à dévorer l'argent qui, peut-être, donnerait aux aïeuls infirmes quelque douceur aimée, au père, à la mère, aux frères puinés, à la femme, aux petits nouveau-nés quelque sain reflet d'aisance.

Non, nous ne serons jamais nous, Vendéens, des paysans de la Forêt Noire abrutis sur les tables des maisons de jeux comme à Bade cela arrive aux lourds enfants de la philosophique Germanie.

Ah c'est que l'argent cela est commun, cela fuit, mais semble revenir dans l'illusion de transactions et d'emprunts faciles, cela ne vaut pas la peine qu'on y prenne garde. Tout valet de charrue, tout bouvier est habitué aux voix tentatives de l'or qui s'écroule en maigres piles sur les crasseux tapis verts des auberges au bouchon et à la lumière borgnes, sinistres dans la nuit. Mères, priez, c'est bien le souffle d'un vent de malédiction qui passe. La France qui joue n'est pas la France et si vos paysans se laissent entraîner vers cet abime, que deviendra la Patrie?

Ne voyez-vous sereins enfants du travail vivifiant, agraire sous le bleu calme du ciel, combien sont faux ces tintements sourds de votre or que les tapis verts assombrissent dans leur pâte gluante où s'impriment vos doigts lourds — stigmate puant —

Cela est glauque, cela est louche sur ces tables

odieuses parées, pour le jeu, d'oripeaux voyants comme des prostituées dont la débauche vient d'allumer les yeux sous des gazes diaprées en de lascifs replis.

Cet or, comme jadis celui de vos pères, serait mieux dans le coffret de quelque maître prévoyant.

Ainsi l'avaient pensé vos aïeuls avanculaires du bon temps de jadis.

Des temps qui sont proches viendront où l'or de la glèbe sera rare en France. Et cet or là, cet or du paysan, c'est la chair coulante de la France économique que vous poussez vers l'abîme des bouges ; vous détruisez votre propre force. Et vous, cultivateurs, en vous anéantissant vous-mêmes, vous allongez chaque heure sur le pays le voile mystérieux de l'Histoire qui s'avance...

Mais la France ne périra jamais, nous la sauverons, nous, hommes de la glèbe... Pour cela, gardons notre or et ne l'allons pas jeter dans les auberges sur les tables de jeux comme en quelque satanique fournaise pour y fondre les flèches du mal armé contre la vertu. Jeunes gens puissiez-vous, dans vos nuits stupides, dans l'ombre des cabarets où l'on se cache après dix heures sonnées, puissiez-vous, vous, la vraie France, la France de la glèbe auguste, ne pas profaner l'or sacré du pain de vos parents vieillis et des enfants venus ou à venir !

Puissiez-vous entendre, dans votre âme, l'écho des vieux derniers d'autrefois, répercuté à vos oreilles filiales comme une voix courroucée de la glèbe ancestrale meurtrie, écartant son linceul, tissu saint de misère et de probité, d'affection et de souffrance venant debout, spectrale dans l'Histoire, pour maudire les fils dégénérés !

On vient de lire l'histoire du maître et du valet agricoles dans le Bocage bas-poitevin sous l'ancien régime. On remarque que deux vertus s'y reflètent : L'Amitié et l'Economie.

C'est la source !

Il est donc vrai que de nos jours le respect des disparus et des vieillards blanchis s'en va comme disparait tout ce qui est bon sous le chaume encore hésitant à se laisser corrompre.

Le domestique se considère comme un employé à l'imitation de ceux qui peuplent les hôtels de la capitale et partant ne se sent pas de la famille, il passe.

Eh bien une grande cause de cet abandon de la culture 'pour les emplois citadins, c'est assurément la perte de l'affection du maitre et du valet, et conséquemment le peu de séjour du dernier chez le premier. En effet, le domestique ne faisant que passer, ne s'attache en aucune façon au fermier.

Ce ne sont pas les fils de laboureurs aisés qui fuient les champs, ce sont les bouviers sans lopins de terre.

Pour les retenir sur la glèbe féconde, il faut réveiller l'intimité chaude du temps passé, mais en quel âge vivons-nous ?

PIÈCES AUTHENTIQUES

Histoire de l'Agriculture dans le Bocage Vendéen

PREMIÈRE PARTIE

SERVITEURS AGRICOLES

ANCIEN RÉGIME

Hommes (de 1776 à 1793)

Les chiffres ci-dessous sont le résultat EXACT des recherches faites par l'Auteur dans ses manuscrits de famille.

ANNÉES	Gages exprimés en livres	Arrhes (2) L.	Arrhes (2) S.	AUTRES CONDITIONS
1776 (1)	54	6	30	Devant faire la moisson en plaine, un an.
1776	70	4	10	Devant coucher dehors à la garderie, un an.
1779	63	4	10	Sous condition. Il devait recevoir, en cas de sortie à la Toussaint de son plein gré, le tiers du gage.
1780	63	3	30	Une chemise, un an.
1781	66	3	30	Une chemise, deux aunes et un demi-quart de serge blanche à 50 sols l'aune.
1781	66	3	20	Pour aller à la Saint-Jean de l'an 1782 (17 mois) une paire de souliers, un an.
1782	44	3	30	Une paire de bas, deux aunes de lin, un an.
1783	34 10 sols	»	»	Gagé jusqu'à la Saint-Jean 1784, un an.
1784	60	6	»	
1785	54	3	»	Une grande culotte pour entrer en service à la Saint-Jean 1786.
1788	66	3	»	Une chemise, pour servir depuis la Saint-Jean 1788 jusqu'à la Saint-Jean 1789.
1788	48	3	»	Pour un an.
1790	48	3	»	Pour un an.
1790 p. v.	51	3	»	Une chemise (3 sols pour jouer aux cartes), depuis la Saint-Jean 1790 à la Saint-Jean 1791.
1791	30	»	9	De septembre 1791 à la Saint-Jean 1792.
1792	63	3	30	Un an.
1792	66	»	30	Un an, de la Toussaint 1792 à la Toussaint 1793, une cravate qu'on devoit lui acheter pour ses arrhes.
1793 (3)	66	6	»	Un an.
1797 p. v.	18 en argent	»	24	Une grande culotte, un gilet et entretien de sabots.
1798	27 en argent	»	24	Une chemise, un gilet et ses sabots.
Femmes (de 1784 à 1791)				
1784	24	3	»	Cinq quarts de demi-fil et du gros (étoupe).
1786	24	3	»	id.
1787	24	3	»	id.
1788	36	»	»	Une chemise et un mouchoir.
1790	24	3	30	Deux aunes de gros fil, une chemise de cinq quarts de demi-fil.
1791	21	»	»	id. id.

(1) A partir de l'an VII le manuscrit observe indifféremment le calendrier grégorien et le calendrier républicain. Nous avons suivi cet ordre dans le tableau suivant.

(2) Les sols qui accompagnent les arrhes en livres sont toujours indiqués invariablement comme devant servir à acheter des sabots.

(3) OBSERVATION. — De 1793 à 1797 le mémoire reste muet sur la question de la domesticité. On sait que pendant cette période toute culture fut suspendue.

Période républicaine indiquée en caractères romains par l'original	Gages exprimés en Livres.	Arrhes L.	S.	AUTRES CONDITIONS
	Hommes (de l'an VII à l'an XIII)			
St-Jean de l'an VII (*sic*)	81	6	»	**Jusqu'à la St-Jean de l'an VIII, une chem., une gde culotte.**
St-Jean de l'an VII	p. v. 36	»	»	Jusqu'à la Saint-Jean de l'an VIII, une culotte, un chapeau pour ses arrhes.
An IX	81	6	»	**Jusqu'à la St-Jean de l'an IX, une chemise, une gde culotte.**
St-Jean de l'an VIII pour l'an IX	p. v. 45	3	»	Une chemise *et un morceau d'étoffe que nous devons faire tisser pour luy faire des culottes (sic).*
St-Jean de l'an IX	(Mêmes conditions que l'an VIII) 81	6	»	Une chemise, une grande culotte, jusqu'à la Saint-Jean de l'an X.
St-Jean de l'an X	p. v. 24	6	»	Une chemise, une grande culotte.
St-Jean de l'an X	p. v. 36	3	»	Une chemise, de la toile pour faire une grande culotte, deux paires de sabots.
St-Jean de l'an XI	72	6	»	**Une chemise, un gilet de toile et les sabots pour l'année.**
St-Jean de l'an XII	84	6	9	Quitte et reçus *(sic).*
St-Jean de l'an XII	42	7	»	Et affaires ordinaires *(sic).*
St-Jean de l'an XIII	84	6	10	Quitte et reçus *(sic).*
An XIII	p. v. 60	6	9	Ses sabots, une chemise, grande culotte.
	Femmes (de l'an IX à l'an XI)			
An IX	41	»	»	Pour ses arrhes, mousselines, une chemise, trois paires de sabots.
St-Jean de l'an X	24	6	»	A la Saint-Jean de l'an XI.
St-Jean de l'an XI	39	3	»	Jusqu'à la Saint-Jean de l'an XII, une chemise, un tablier toile et un de mousseline ou demi-fil.

ANNÉES	GAGES	ARRHES L.	S.	AUTRES CONDITIONS
	Hommes			
1805	96	7	4	Ses sabots, une chemise, une grande culotte de toile, une paire de mitaines.
1806	60	6	»	Une chemise de toile, une culotte, des sabots.
1806	90	6	»	Les affaires comme les années précédentes (*sic*).
1807	60	»	»	Affaires ordinaires *(sic).*
1807	p. v. 36	3	»	Un chapeau, une chemise, une culotte de toile.
1808	p. v. 39 en argent	3 d'arrhes		Une chemise, une culotte de toile.
1809	p. v. 48	3	»	Chemise et culotte de toile.
1812	p. v. 48	6	»	Plus les ustensiles ordinaires (*sic*).
1812	72	6	»	Depuis la Saint-Jean jusqu'à la Toussaint.
Qualité spécifiée de laboureur 1812	p. v. 1° 7 2° 15	»	»	1° Depuis le mois de mars jusqu'à la Saint-Jean. 2° De la Saint-Jean à la Toussaint, deux paires de sabots.
1813	p. v. 60	6	»	Deux chemises, une culotte, une aune de tissu, trois marches.
1813	48	6	»	De septembre à la Toussaint.
1813	36	»	30	De décembre à la Saint-Jean, une grande culotte, une demi-livre de beurre.
		»	»	De la Saint Jean 1814 à la Saint-Jean 1815.
1814	130	6	»	Une chemise et un chapeau de 3 ou 4 francs.

ANNÉES	GAGES	Arrhes L.	Arrhes S.	AUTRES CONDITIONS
				Hommes
1815	114	10	10	Une chemise, demi-livre de laine, ses sabots.
1816	104	6	»	De S.-J. 1816 à S.-J. 1817, une chem., 5 paires de sabots.
1817	108	6	»	Une chemise, une culotte.
1817	p. v. 18	»	»	id.
1818	120	6	»	Sa culotte et sa chemise.
1818	p. v. 30			Sa chemise et sa culotte.
1820 à 1821	87	6	»	Saint-Jean 1820 à Saint-Jean 1821.
1821	105	6	»	Sa chemise, une culotte de toile.
1823 à 1824	106^{l} 10^{s}	6	»	Une chemise.
	Payables en pièces de 6 liv. sous perte			De Saint-Jean 1823 à Saint-Jean 1824.
1823	p. v. 90	6	»	Une chemise, une culotte, trois paires de sabots.
1823 jusqu'à S.-J. 1824	30	»	»	De la Saint-Michel à la Saint-Jean.
1824	p. v. 18	»	»	id.
1825	p. v. 18	»	»	id.
1825	p. v. 45	3	»	Une chemise.
1825	96	6	»	Sa chemise.
	Payables en écus de 6 livres			Une chemise.
1826 à 1827	120	6	»	Une chemise.
1826 à 1827	p. v. 18	»	»	Saint-Jean 1826 à Saint-Jean 1827.
1827 à 1828	96	6	»	Une chemise, une culotte.
1827	p. v. 45	3	»	Sa chemise (un an).
1828 à 1829	120	6	»	Sa chemise.
1829 à 1830	120	6	»	Et sa chemise.

Comment les Paysans s'habillaient.

Les vêtements de drap du dimanche se portaient en étoffe dite moulinée.

Il y avait des ouvriers occupés à ce genre d'industrie.

En 1773, le *moulinage* d'une pièce coûtait 25 sols par virée.

En temps ordinaire, pour le travail, les hommes se vêtaient de blouses et de pantalons de toile.

1773. La laine toison valait 34 sols la livre; la laine filée, le quarteron, 11 sols.

1771. Etoffe Carize, 34 sols l'aune.

1771. La serge, 48 sols l'aune.

1771. La façon d'un gilet, une livre 10 sols.

1771. La redingote du fermier *honorable homme* coûtait 24 livres.

1771. La serge en petit gris valait 3 livres l'aune.

1777. Le quarteron de laine filée, 11 sols.

1777. La serge blanche, 2 livres 8 sols.

1777. La serge bluvée, 3 livres 10 sols l'aune.

1777. Etoffe doublure, 26 sols l'aune.

1777. Habillement complet d'un domestique d'*honorable homme*, comprenant un veston, un gilet une culotte et des guêtres, 28 livres 12 sols.

1777. Laine filée, la livre, 2 livres 4 sols.

1773. Etoffe Campe, les quatre demi-pièces, 130 livres.

1773. Coutil, les dix aunes, 17 livres.

1773. Etoffe Carize (aunage de 4 au 1/2), les trois pièces, 93 livres.

1776. Chapeau de domestique, 3 livres.

1773. Prix de revient de trois journées de commis-colporteur, 48 livres.

1780. Chapeau de domestique, 3 livres.

1785. Façon de chemises de domestique, 11 sols.

1785. Grand Carize, les deux aunes et demie, 48 sols. Habit de domestique, *fait, 600 sols* (*sic*).

1784. Une devantière de droguet et une demi-livre de Blanche, 15 livres 18 sols.

1784. Laine blanche, 2 livres 8 sols la livre.

1785. La pièce de toile pour vêtir une servante, 19 livres.

1785. Petit Carize, 3 livres l'aune.

1785. Façon d'une coiffe noire de servante, 1 livre 10 sols.

1785. Un mouchoir *(fichu)*, 1 livre 8 sols.

1776. Laine brune, la livre, 32 sols.

1776. La pièce de Campe tirant d'aunage 50 au 3/4 payable à 42 sols, 106 livres 10 sols.

1776. Campe noire, l'aune, 40 sols.

1788. Trousseau de domestique, 3 chemises, 9 livres.

1788. Grande culotte pour domestique, 8 livres.

1788. Une cravate de soie pour arrhes estimée environ 3 livres 30 sols.

1788. Grande culotte pour domestique, 3 livres 12 sols.

1790. Grande culotte pour domestique, 3 livres 12 sols.

1790. Serge noire pour domestique, 3 livres 5 sols l'aune.

1790. Laine toison, la livre, 30 sols.

1780. Foulage d'une pile *de marchandise* (*sic*), 33 sols.

1790. Une paire de souliers, 4 livres 10 sols.

1811. Une paire de souliers, 5 livres.

1779. Petit drap café, Carize, le tout drap café, 21 au 1/2 quart ou 26 au 1/2, 174 livres.

Les petites douceurs de la vie.

En 1771, il n'était pas, bien entendu, question de tabac à fumer, il ne peut donc s'agir que du tabac à priser. La *prise* était à cette époque une chose aristocratique. La noblesse prenait avec grâce le tabac dans la tabatière d'or armoriée et s'époussetait ensuite le jabot avec dignité, le rosturier aisé plongeait simplement les doigts dans sa tabatière d'écaille et aspirait et reniflait fort à l'aise.

En l'an 1771 le tabac valait 2 livres 34 sols la livre.

Et le vin, le petit vin blanc du pays ?

Je vais vous l'apprendre.

En ce temps-là, se menaient joyeuses vendanges, et les *fiefs* n'étaient point rares et fort bien garnis sur le versant des collines, à l'abri des gelées.

Les ceps étaient si bien munis de grappes que, au lieu de se donner la peine de faire le vin à leurs frais pour le revendre ensuite, les propriétaires ou *complanteurs* préféraient le mode plus simple de la vente des raisins cueillis sur le cep même.

C'est-à-dire que l'acquéreur grappillait et récoltait les raisins sur l'espace d'un journal.

La récolte ainsi faite s'appelait une *journée* (quantité de raisins produite par un *journal* de vigne).

En vendanges d'octobre 1771 la journée valait

environ 10 livres et suivant le terroir des fiefs divers, cela se comprend aisément.

La même année la bassée de vendange se payait environ 3 livres.

Tableau comparatif.

TABAC		VIN	
1771	1902	1771	1902
La Livre 3 fr. 70 c.	La Livre 6 fr. 25 c.	Une Bassée 3 livres.	La Bassée 8 fr. » c. au pressoir.
Le Kilog. 7 fr. 40 c.	Le Kilog. 12 fr. 50 c.	4 Bassées par Barrique de 220 litres.	
Vendu généralement.	Vendu généralement en paquets de 40 grammes à 0 fr. 50 c.		

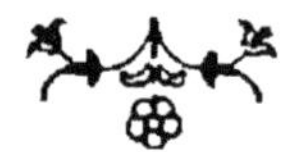

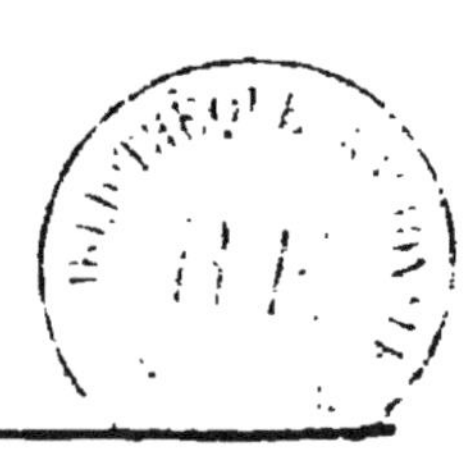

Fontenay-le-Comte. — Imprimerie L.-P. Gouraud.

138

www.ingramcontent.com/pod-product-compliance
Ingram Content Group UK Ltd.
Pitfield, Milton Keynes, MK11 3LW, UK
UKHW022315170726
13837UKWH00005BA/2011

9 782019 936907